Le tue rose

Raccolta di poesie di
Marcella Falcone
(dicembre 2008)

Titolo | Le tue rose
Autore | Marcella Falcone
ISBN | 978-88-91144-27-0

Youcanprint *Self-Publishing*
Via Roma, 73 – 73039 Tricase (LE) – Italy
www.youcanprint.it
info@youcanprint.it
Facebook: facebook.com/youcanprint.it
Twitter: twitter.com/youcanprintit

INDICE

VOGLIO VIVERE

Senza pensare

dopo ore di fuoco nella notte

parli

sulla mia ansia,

sui miei gesti nervosi.

Senza capire, getti parole

sul cuore, tra le dita.

Resisti, calma apparente, resisti!

Situazioni più alte

di me

che vivo nel basso

di te,

con umiltà vera ti attraggo,

nelle forze di una natura prorompente

che vuoi difendere.

Cose alte

nei tuoi pensieri illusi

senza radici, delusi

franano addosso la tranquillità.

Il mondo morirà, tutto muore

cuore cupo

grido un' amore più grande!

Si muore per un amore più grande.

Ti faccio scendere

in pozzi tremendi,

bassifondi dell'anima,

per poi slanciarti

su... su... in alto

principi nel sole!

Amami

amami ti grido!

Poggi la vita sorda

su bastoni di zucchero.

Affinità aleatorie

non rispondono

a domande inquiete.

Insistono

nella tua mente buia

senza pace.

Cerchi pace lontano da me, sciocco

vivendo troverai pace! Vivendo.

Bevi dei miei elogi appassionati veri.

Incoerente mi rifiuti,

dopo l'amore versato sulla pelle.

Tu... meraviglioso

uomo distante e mio.

Non ti ami

fingendo umiltà stantia,

ti ami povero

con ricchezze donate

non tue!

Non ascolti

tutte le risposte nella mia voce,

si incrina, arde nel vento.

La mia voce che muore.

L'amore gratuito, che lesini per me

fa anche piangere

lacrime comuni, non sole.

Prigioniero forte e debole

contro la tua cella

di paura, senza coraggio.

Paure, avvolgono

trame cupe, neve d' agosto.

Fatico

fatico, amore senza preghiere,

a dissolvere la nebbia.

Sono stanca, stanca.

Vieni, vieni fammi vivere

trattienimi, non pensare

voglio vivere

A CICCIO

(dedicata a Francesco De Rosa attore)

Cammini solo,

immerso nei tuoi uragani,

serio.

Chiuso nel tuo cappotto

elegante

come la tua anima

aristocratica, umiliata.

perduto, nella tua mente

ricca, fragile...

ricca di poesia.

Ti aggiri

tra le mie strade,

intravedi lo sguardo impotente.

Senza miracoli

mi arrampico nei passi

per tutti i silenzi

le parole, avrei ascoltato!

I tuoi nervi sottili

pronti a spezzarsi

sotto i colpi, rasoi nel buio.

Tu

comico sulle scene,

attore raffinato,

abbattuto dai sogni,

non accetti controfigure,

la teatralità nella vita

di persone indegne... indegne.

Abbandonato, deriso

la guerra del cuore

oscura la gioia indifesa, nella vita

che si trascina nel vento d' angoscia.

Senza amici, con lacrime nelle tasche.

Il cuore freddo, inverno perenne,

che neanche lei

riuscì a scaldare

lei amata, capricciosa

non comprese il dramma

che rapiva le tue ossa.

La mente rovinata

infine

morì, senza più aria

senza ossigeno, morì nuda,

con i santi intorno.

Perdonato

andasti nella vita più vera.

Lasciando

noi soli, perdonati.

Dispersi, noi poeti.

Con nuova forza

una forza solare che ora hai,

la tua tenerezza

ci invade

ci accompagni

ridendo

ridendo

ci accompagni.

PAROLE

Parlo
con le pareti della stanza
pareti nude,
affresco di un cielo sopra
rincuora l'amore. Ramingo, esiliato.
Torna un'eco forzato
insulto di silenzio che pesa, senza singhiozzi.
Nessuna musica
attutisce il rumore dell'anima.
Il tuo notturno mi svuota!
Nuoto nel maremoto, lamenti,
sentimenti inespressi. Monologhi umilianti!
Strade aperte solitarie, parole accennate.
Amore disprezzato in silenzio,
il mio amore inascoltato, fiori lacerati del mio sangue.
Gemo l'assenza, il destino naufrago
di dialoghi mozzati
e cerco euforia tra le mie parole
dette, scritte, uccelli che volano!
Mancate risposte inghiotte,
allontanano orgogliosi manipolatori
ambigui, steppe selvatiche.
Si riflettono in specchi vuoti
senza immagini
non esistono, non sono,
falsi amori, vampiri nella notte.
voglio la chiarezza dell'alba
il profumo dell'essere
recido corolle di ribellione!

Dono tempo alla realtà,

senza ossessioni

attendo nella notte stellata,

sulla riva di un fiume amico

fiume sacro

attendo riflessioni pacificate,

evanescenti

perdonanze che vanno

sulle correnti, lievi acque di tenerezza.

Portando via

Patti d'alleanza compromessi

invani

dichiarazioni di guerre

allontanate

da me

che vivo

la mia oasi di pace

spazio di redenzione

senza monotonie

unita al cuore.

Ancora vedo il suo volto

in te

ancora per poco.

SILENZI

Mi dissolvo nei tuoi silenzi.

L'identità si sbriciola,

frammenti di luna

tra le tue mani

avide di bellezza.

Mani che amo, ancora, umiliano l'anima.

Desiderio oscurato da ombra nemiche.

Taci la verità

opprimi la gioia frizzante

innata della mia natura

frivola, pensante

profonda come il mare dell'infanzia,

semplificata dalle onde gentili

della coscienza evoluta.

Acclami

beate armonie

dove escludi la mia musica,

canta per te

che generi passione fantastica.

Piango la pena

freno impulsi pregni di vita

e tremo in silenzio

follie sopite, amore esagerato.

Sorrido alla tristezza, veste

che non mi appartiene.

Invado con profumo di viole

l'essenza allegra

che sono.

Mi resta

una terra da esplorare
eludendo cadute
rialzando pareti crepate
ricostruisco la casa
getto semenza
di future piante
rami ricchi di foglie
compagni di vita.
Andrò
dove mi porta il vento
con amore
andrò.

RELAZIONI

Relazioni inquiete
senescenza precoce
di una gioventù invecchiata.
Il cervello imbrigliato, freme
un puledro che scalpita,
è un vento impetuoso.
Decide per sé
grida il mio nome! Alzati!
Risvegliata
navigo nell'aria disarmante,
corro sulla terra
giorno dopo giorno
di caduta in caduta
muovo il corpo assonnato, salvato.
Abbraccio
persone incontrate
nei sogni separati dal tempo,
accarezzano la mente
sollevano macigni di disamore.
Terapia di vita vera, annuncio di cose nuove, segrete.
Sogni avverati, assoluti
riattivano la fonte generosa.
Movimenti
onde di un mare impazzito
idee scoordinate
riassumono se stesse.
Nel petto che pulsa, duole
insiste a vivere.
Un ponte

unisce le mie rive disabitate.
Il flusso dell'acqua calma, fiume di benessere
si porta via
macerie di rabbia, ragionamenti tortuosi
pane vecchio d'amore disilluso.
Perdono te
che mi affatichi
con i tuoi doni. Apro le mie vene e
ascolto la tua voce profonda, notte stellata, altissima
non si perde nel tempo
non è una croce, non è una gloria
vive nelle passioni assimilate.
Posseduta, guidata
da sublimi incantesimi.
Riavvolgo l'anima,
l'intimità compromessa
in ogni attimo.
Gocce d'oro
spremute da illusioni perdenti.
Vinco l'assenza
in te
che svanisci nei tuoi pensieri
misteri intatti
per amarmi di più, creazioni in atto,
di un'eredità devastata.
Con fascino perfetto
corteggi le mie paure
ne afferri gli angoli nascosti.
Amante,
seduci profondità
abissali
illumini gentilmente

Marcella Falcone

e attendi
cresca un fiore
tra le tue mani
con petali vellutati.
Proteggono
la distanza effimera
dell'inesistenza.
Tutto vive e ascolta...

CON DOLCEZZA

Con dolcezza
smaschero illusioni
seppellite nella mente.
Non è più tempo d'amore. Vagante.
Velocemente declino
sensazioni
ebbrezze effimere
dipendenze
cresciute
in un amore equivoco, fatto di perle false nere di lacrime
collier di strass
ambiguità d'ombre di luce
abbagli luccicanti
sulla pelle nuda
vibra di realtà, senza sospiri
come il mio corpo armato, difeso.
Vibra nei sensi offuscati.
Piovono sassi dal cielo!
L'euforia di un dolce vino
paga le sue ragioni.
Senza alibi
senza coperture
accolgo nuove verità
squarci liberatori
troveranno balsami,
aromi benevoli
avranno pietà
di tanta nudità sotto il sole
che scioglie nodi d'indegnità.

Per grazia ricevuta

ti riconsegno al cielo, con dolcezza

torno in me

così, per amore

scrivo

con il mio amore legato al tuo

versi senza fumo.

Rallento i ritmi veloci

catalizzati da sentimento in atto,

oltrepassano il cuore.

Vanno, dove?

Faccio silenzio. Dilato

spazi vitali, grembo di rinascita.

Domande puntate

verso un cielo ostile di nubi

nubi avverse

coprono i baci

tanti baci

che avrò.

IL CIELO

Avvicini la tua beatitudine

in un contatto onirico.

Guardo serena

con te, così vicina

crollare cattedrali

rovine antiche

nuvole di polvere nella città eterna.

Acquieti la paura

dei miei occhi dilatati.

Lontana, in salvo con te

vivo la felicità

di ciò che resta.

Al sicuro

con te

ritrovo il cielo.

COSCIENZA

L'immagine gaudente
di un furore acceso di gelosia
si tinge di rosa.
Spera un sodalizio di pace
nell'immane degrado.
Trema nel tremore
che il vento spinge a soffrire.
Si arrampicano pensieri sfiniti
stanchi del giorno passato.
Oscillano tra le pareti
di una coscienza pentita
destabilizzano l'andamento
scuotono silenzi dovuti.
Come pennellate rabbiose di colore
gettate a caso
da un pittore astratto.
Vivere con emozioni attorcigliate
esclude l'armonia.
L'incoerenza del caos
assottiglia i limiti
che cedono
come una diga scardinata
cedono
dove la decenza pone divieti
e la coscienza fluisce colore
sapore, gusto d'artista
travalica i limiti.

DISAMORE

In un'assemblea corale
rinneghi
il mio sguardo perduto
il nome, il corpo che accendi sapientemente.
Eludi imbarazzo, rossore
che sorveglia i gesti.
Dilegui menzogne, fumo disperso nella mia atmosfera.
Ammanti d'equità, pensieri contaminati.
Fuggi, felino
nei corridoi dove oblii te stesso.
Uno specchio frana la tua immagine
intessuta con arte
su terreni friabili.
Frana di tradimenti!
Pugnalate di disamore
dissanguano il mio amore denutrito!
La coppa di vino
che porgi sulle mie labbra secche
macera veleno
cade a terra frantumata
da un gesto ardito
di un cuore plagiato.
Conseguenze di azioni plateali
subiscono l'ingiustizia.
Contratta e abbrutita
la fiamma spenta dal tuo alito
deraglio sui miei sentimenti.
Allontano vicinanze pericolose
vogliose di possesso

generano grida difese
da una mente accorta.
Prudente
trovo riparo.
In situazioni costruttive
dove l'anarchia affoga
radici amare
nel dolce vino di comunione.

CANTARE NEL SOLE

Senza parole

con parole smarrite nel sangue celeste

nei satelliti di continenti lontani.

Comunicazioni si interpongono

senza comunioni.

Abbatto la distanza di oceani, onde

alte coprono deserti senza fiori.

Attendo

l'incontro euforico

di ciò che sono, del poco che ho.

Unione d'amore ritrovato

smarrito, riempie di dolcezza

paesaggi bui, aspri d'amarezze denutrite.

Frammenti di delusioni

vittorie amare, senza allori.

Pace vera

versi nelle mie mani aperte

a raccogliere un bimbo che ride

sul delirio della psiche in guerra

pazzia assorbita nell'etere.

Generosamente

dolce e dura

offro ponti d'oro

soffici tappeti rossi

su cui passa l'indolenza

di identità severe.

Con finta allegria, difendono povere ossa,

fuggono un fiume buono che

ride nei flutti, amoreggia nel mare.

Scorre umile e mite
come il cuore di Dio, nel ritmo del mondo consacrato.
Solitaria,
ritrovo la testa perduta,
poeta che piange l'ispirazione
sui ponti suoi... offerti, ignorati!
I miei grandi occhi, piccole pupille, sono
lanterne di luce pura.
Cercano amici distratti
cuori casti
per cantare nel sole
per baciare la luna.

REDENZIONE

Il sapore indefinibile

di attimi prestabiliti, diamanti inattaccabili,

accolgono

la potenza di ordini cosmici. Nel cielo arcobaleni precisi,

intercalano l'incertezza,

preludono l'ambiguità di sogni inceneriti,

d'esistenza svanita.

Avanza come un fiume spaventoso,

inesorabile

porta con sé la vita, la morte di esseri finiti.

Trasforma il tempo, incomprensibile.

Sovverte leggi naturali

si muove a compassione

su scenari immobili, sprofondano nei laghi tristi

di lineamenti appesantiti,

impenitenti di salvezza.

Mani legate da fili stanchi

acquietano passioni assolute,

tenaci, rosse di fuoco, ardono

come l'amore.

Ma non amore, non amore

sgusciano via

inondando il fiume di lacrime inattese

aggiungono vita

nell'abbondanza svelata,

inarrestabile flusso di creazione,

pacifica emozioni ribelli, parole aggiunte, note dissonanti.

La manifestata bellezza armonica

in occhi agitati, sfiniti di nulla

perduti
sedotti nel mare grande, scuro
grembo materno
di vita indecisa, redenta.
Di vita arricchita.
Sostengo l'infinito
con rinunce pensate, macerate
vincono le onde alte
della coscienza in lotta!
Arresa,
cammino sul mare, con te
cammino nei nuovi giorni
che verranno.

PIANOBAR

Sulle note complici, note d'oro
una canzone romantica, accennata
influenza
la voce di velluto, soffusa nell'aria
accompagna il sogno vissuto
in una notte unica, fantastica
di fuochi accesi.
Con luna, con stelle cadenti
fuori
trapassano
il soffitto di un pianobar,
palcoscenico di una giovinezza andata,
si apre sul cielo alto, notturno.
Ritroviamo gli anni, nostri.
I corpi accesi,
a ballare stretti
eleganti innamorati fissi nel loro spazio.
Bisbigliamo parole di miele,
cadiamo nei nostri occhi ansiosi,
si guardano all'infinito
strappando la pelle, con mille sorrisi.
Allacciati
cerchiamo carezze pericolose,
baci tra noi, gocce fresche scivolano.
Maschio, il petto irsuto
femmina, tua, i capelli di seta
sui seni eretti
pronti all'incontro, nascosti in te.
Voluttuosi, gridiamo i nostri nomi!

Incuranti del buio, del destino
di occhi severi
occhi gelosi
di noi amanti insieme
è la nostra ora.
La musica nelle vene, sulle gambe
che si muovono
incastrate nelle tue, fuse di pelle.
Stringi i fianchi
come se fosse l'ultima sera.
Getto le braccia sulle tue spalle
Come se fosse l'ultima sera.
Il mondo
dimenticato
con i suoi anni, con alba di terra
fuori aspetta...
ci aspetta, con l'angoscia
pronta ad abbattersi!
Ma noi
euforici, ebbri di vino di spirito di carne,
tratteniamo il tempo a lungo...
la canzone che immortala la sera.
Per stasera, amore
sarà per sempre
la nostra notte.

RICORDI

Con lunghi sospiri
abbracciamo la realtà
baciamo i giorni
che arrivano
come pioggia sottile
come raggi di sole
elargiti generosamente
su noi
adulti di tempo trascorso
senza te.
Muti
raccogliamo i ricordi
di pomeriggi sulla sabbia
a scambiarci l'anima.
Muti
accogliamo la vita
di giornate miti,
con l'anima dentro
a sentirci ancora...

OLTRE

Sulle tue note altissime,

particelle luminose fatte di mistero

vengono dal cielo aperto.

Dal sole che irradia e piove

musica confrontata sulla terra

da te

per noi.

Dissolvono il tempo relativo

momenti infiniti

minuti profondi

vivono tra le tue mani tristi, rassegnate

raccolgono ciò che esiste, invisibile

l'ispirazione beata

che scende da un crocifisso,

inchioda l'anima

sopra un pianoforte vissuto

semplice

di legno, alato

volate insieme, nuvola benedetta!

Senza me

che sono una magnolia spezzata dai tuoi morsi,

fuori dalle tue dimensioni eteree

che sono

fuori di me

con la casa franata sulla sabbia

nel giorno dell'addio.

Cerco pace

ruggisco, piccola orfana

in poveri versi

scritti con furia

sopra i drammi, le disgrazie

asciugate da resurrezione

assolti in segreto

senza prigioni

con ampi orizzonti finiti.

Cerco oltre... oltre

le mie braccia alzate, arrese.

Torno su persone amate

radici e fiori dell'infanzia.

Incerta

della donazione

insicura, sistemo i pensieri

stretta nelle mie circonferenze rotonde

Non più prigione, no!

Corpo trascinato

corpo amato

mi porta assoluto, risoluto

in percorsi morbidi di velluto

dove non feriscono le spine

con il cuore commosso.

Guardo e sorrido dell'infausto essere.

E assolvo...

con lacrime assolvo.

L'AMORE FORTE

L'amore

che indebolisce le illusioni, fiori di carta.

Si sgretolano

come le mie promesse

dietro un sipario pietoso, pesante,

dove ubbidisco

assorta nei ricordi

che fuggono.

Svaniscono spiagge infuocate!

Si dileguano volti sospirati

feste d'amore finite.

Occhi, zaffiri amorosi

reti dove caddi nella paura

come cade un bimbo

con lacrime ignorate, senza tenerezza.

Singhiozzi allontanati.

Dolore, imbarazzo

di sassi scagliati,

pensieri bui

lanciati con archi tesi negli occhi!

Oppressivi

adombrano l'allegria dorata

implosa nel petto morbido, dove ridono le strade.

Rattristano la madre, il padre.

E non c'è pace ancora...

troppe parole non dette,

annegate nel fiume triste dell'oblio

indifferente dell'esagerata bellezza.

Certezze ripetute, minacciate

all'infinito
franano nell'impatto mentale
di un uomo profondo
come un mare che riempie il vuoto.
l'aridità che resta nell'autunno,
il giardino seccato
con farfalle fuggite da un amore fugace.
Il tuo amore silenzioso, ombroso
fatto di sillabe ambigue. Mina vagante.
Sì, furono chimere i nostri giorni!
Furono baci di polvere
fu un progetto d'oro negato.
Furono abbracci disperati
di rami sfioriti.
Con baci
trovammo speranza sulle nostre bocche.
Senza baci te ne andasti
con paura, senza slancio, fuggisti...
nella tua vita importante, oppressa.
Vincente senza cuore, né sospiri.
Dove io torno alla mia vita
inesauribile, con superbia abbattuta.
Luminosa energia
generosa di allegria
di amore allegro.

INCONSISTENZA

L'inconsistenza

di un amore carpito, estorto

nel labirinto di cuori induriti.

Cerca esistenza

ragione

nell'ordine naturale

fedele, del mondo creato.

Cose vissute, immaginate

afferrate con istinto da noi sognatori.

Amando affetti veri.

Chiedono baci, abbracci perdonati

corolle di petali docili, in salvo.

Vogliono entrare

con lampi, fulmini

in spazi di cristallo

riservati

compromessi nell'intimità rubata.

Illusi

disillusi nella luce in fermento,

dilata la tenerezza

che ci appartiene, concepita in noi.

Accorta

ne spera la rinascita allegra.

Campo di girasoli

ride nell'aria il mio cuore ritrovato!

Mira il sole sfolgorante!

Astro benevolo

assolve gesta ribelli, impudiche.

Condizione dell'essere in lotta

disarma l'anima puntata, apre palpebre pesanti.

Porta primizie estive,

frutti immeritati.

Dissecca ortiche inutili alla vita!

Dolore di pensieri ottusi, privi di uscite,

sopperiscono varchi bui, di pietra dura.

L'incauto vivere, fiuta l'aria libera.

Demoni cacciati dall'aura feroce

fuggono

dalle rose argentee,

da luce imperitura di cielo aperto.

Segue i contorni

di identità in pericolo

affina sentimenti ostruiti,

dal catrame dell'odio.

S'inginocchiano

le tue gambe orgogliose!

Vinto

nella luce

segui il perdono,

aquilone dell'infanzia, gioco lussuoso.

Per istinto

con palpiti di schiuma alta,

per istinto ami...

VITTORIA

Terribili rimozioni

invadenti come i miei pensieri,

sciolgono i tratti di immagini fisse

limano angoli duri

declinano il dolore

diffamano la solitudine perdente!

Si enfatizzano

intuizioni aliene nel mondo,

vivono oltre,

percosse

segnate da indifferenza, feroce,

ferisce come una spada in guerra.

Come un'abile mano cattiva

con odio

a tenere giù il capo indifeso,

cespuglio incolto,

il viso, un melograno felice.

Vittima nell'acqua

di un mare buono che

non spegne, non travolge, l'amore.

A voler affogare pensieri luminosi,

gentili

abbracciano la terra.

Annaspo,

il respiro interrotto,

veloce nel tempo che resta

rinnego il buio,

te

che so, debbo dimenticare!

Spero, con l'anima appesa al sole.
Riemergo
e fuggo
nuoto, nuoto libera
verso una riva sola.
Attende come una madre
l'unica figlia,
placa il tremore, avversa i castighi.
Accarezza lacrime, gocce di sale
sulla pelle fredda
e vinco.
Con la sabbia sotto i piedi salvati
e il cielo alto sulla testa, splende.
Vinco... con te
al diavolo il disamore!

MAESTRO

(dedicata a Massimo Scapini)

Attendi

arricchendo il tempo inseguito

dalla tua mente veloce, danzano

cellule generose, neuroni attivi

corrono nella luce fioca,

una fiammella accesa in una stanza misera,

tra pareti scrostate, sconsacrate,

di fronte un pianoforte lussuoso,

compagno di vita, panfilo d'oro!

Incoraggia le mani capaci, sapienti di Dio.

Sostiene l'abilità di maestro che sei.

E parti... tu giovane, tu antico musicista

con il tuo Mendelssohn,

eredità che ti appartiene, rivissuta

interminabilmente, consapevole.

Parti con noi

con forza magnetica, attrai nell'incanto,

povere coriste affannate

sulle note che brillano.

Troppa luce in cuori spenti

in animi colpiti.

Sulle bocche timide, secche di alito pesante.

Un tesoro incompreso,

un tesoro sbranato, sbandato!

Ma tu,

freni

tu orchestrale divino

pieghi, domi il caos inquieto,

amorevole

sulle nostre vesti pesanti, oscure

umide di ansia.

Freni

impulsi inquinanti, dolcemente

dissolvi olezzi malevoli

e apri

spiragli d'aria pura

crescono d'improvviso nell'anima

dove vibrano note perfette

nell'aria tornano in te.

Benedici

il gioco di luci

nascono dal silenzio umile

piccole onde di canto concepito

terra che canta!

Partorisce l'opera con la tua voce,

colore sferrato

capolavoro divino, armonia centrata nel mondo.

Vive in ore profonde

oggettivo

soggettivo

vive.

ERESIE

Lasciare

che la presa diabolica

di eserciti invasori

incidano legalmente

su volti distrutti,

timpani assordati

occhi vitrei, confusi da eresie in atto.

Sconvolgono la città eterna

dove cori vittoriosi

cantano "Tu es Petrus"

dove gli inferi non prevarranno

e gli astri proteggono il mondo amato.

Io, inquieta

denuncio reti intricate d'inganno,

situazioni gonfie, scoppiate di potere

degenerato,

fogliame decomposto.

Non servono! Non servono

i piedi sporchi d'ingiustizie

laceri d'abbandono, attendono riunione.

Oltrepassano, saccenti

la dignità paziente.

Spaventosi,

velleitari

scavalcano percorsi salvifici

anelati

sperati!

Escludono doni

mazzi di fiori, profumo umile

di creature indifese
vorrebbero ringraziare
con spighe delicate
santi, angeli, martiri muti, sepolti
nel freddo
dove non arriva la voce,
risorgono invano!
La madre piange,
nel cielo, nella terra
lacrime che vivono
in esseri sensibili di tenerezza
bagnati dall'ombra d'oro.
Proteggono la fuga
di gambe colpite, arti assopiti.
Mentre padroni devastanti
con moralità soggettiva
grugniscono in masturbazioni spirituali,
gola di perdizione
invade gli animi illusi
trionfanti
non amati
perdono il regno, la gloria, il cielo
non amati
avanzano...

IL NOME

Soluzioni bagnate di rugiada
languiscono
nella debolezza
di un cuore stanco di se stesso.
Passo passo
rinnova legami preziosi
recisi, rinnegati senza capire.
Riunisce la maturità
di frutti colti
da mani povere, meste di mitezza
pulite di terra.
Si ricongiunge l'idea geniale
il nome benedetto!
Parabole semplici
spiegano tratti di mistero
di specchi offuscati, riflette l'immagine.
Incitano l'amore
ad andare
ad aprire porte chiuse
cancelli di piombo, imprigionano la misericordia.
Parole disperse come semenza
in campi rigogliosi
tornano con echi influenti
Vino versato in cerchi armonici,
di musica sacra.
Si moltiplicano pani e pesci
in occhi stupiti
sorpresi gridano il nome!
Ne bevono

senza domande
ne mangiano
con risposte assolute
sigilli nell'anima.
Frutti di civiltà nuova
sicura
certa del regno.

BELLEZZA

Non odiarmi
se desideri la bocca e il resto... tutto
nelle notti affamate.
Mi vuoi docile, appesa alla tua pioggia.
Nelle spaccature
della coscienza profonda,
nelle ore decise, tremende
pazze di sete.
Il tuo corpo vivo, acceso, lontano da lei!
Vicino la mia seduzione allegra
finta gaiezza!
Offuscato d'erotismo, emozioni drogate
ebbre di sudore, vino inesorabile
non mi vedi!
Arrampicato sul seno nudo, pallido
come l'anima.
La comunicazione vitale donata
accecata da te stesso
invaso da sogni, umiliato!
Mi ferisci, ferendomi
sgretolando la maturità conquistata.
Crolla la dignità di un uomo onesto
specchiato nei baci
nella vita attenta
curata dalla morbidezza
con amore, disamore.
Il cuore allarmato
segui il mio canto di sirena
dove cadi

cadi nei miei sospiri elettrici

la sabbia

tappeto di giornate carpite,

estate perenne

nel sangue dolce

nella testa ricca perduta

opaca

gira nelle nostre atmosfere incantevoli

si prende gioco

della mia bellezza

della tua sensibilità

vince

su noi

perduti nel disegno misterioso.

TEATRO

L'ambiente vellutato
rosso, scarlatto
come i nostri peccati
accoglie Leo, Perla, Carmelo
con immagini vive, esilaranti!
Apparenti trasgressioni
verità coraggiose, presagite
osate osate... fino a morire!
Offro le vostre rose bianche
purificate nelle notti buie.
Idee assimilate
cresciute nell'assenza degli anni
con lo stesso dolore.
Seminaste, buoni agricoltori
seminaste... senza raccogliere.
In silenzio, sconfiggete il tempo.
Eleviamo emozioni sacre, con il vostro respiro.
Inviolabili
da attacchi mondani, ciechi!
Delusero l'amore
crollarono corone d'alloro
sui visi truccati di
attori scarnificati,
con l'alcool nelle vene
a saziare la sete...
sete sublimata, sconfitta.
Risorgono i volti,
giovani santi,
bellezza angelica

catapultati nel mondo pigro, indolente.
Furore di arte consacrata, benefattori
vivi... più di allora!
Guidate azioni comprese
serie e terribili.
Donate ali
a noi
eredi confusi, artisti dispersi
ritroviamo la casa, doniamo la vita
insieme
sarà ancora bello...
un velo.

SE CREDI

Se credi
nell'esasperazione delle tue lacrime
solenni, senza sorrisi, pane di vita.
Commuovono il cinismo aggregato
da speranze compromesse
aceto aspro di sconfitte
accompagnate dal sogno velato.
Se credi
che nell'abbraccio disperato nella luce
di un addio inevitabile...
sostenuto in silenzio
ramo fiorito in un mondo avverso.
Grido
la separazione che accresce la vita!
Vita aggrappata alla tua voce
che non svanisce...
fonde le nostre disarmonie mostruose
si sciolgono modi antichi
e nasce la realtà che è, bellezza alata.
Con la fede cresciuta, provata
oro intaccabile.
Non feriranno le lame taglienti
dell'insopportabile ego malato.
Nessuna tempesta spezzerà
le ossa sanate nella selva oscura.
Si piegano come giunchi al sole
si riflettono di bontà.
L'amarezza del fango, che sale sulle ginocchia
non sarà veleno

non sarà declino.
Andrai indenne
con stupore negli occhi di cerbiatta.
Accarezzando
con la paura domata
nelle acque calme
di un corpo salvato.

SORELLA PERDUTA

Assumere

pose indecenti

per elettrizzare emozioni gelide

strade intricate, incrostate nel viso fisso.

L'eden che non credi

si allontana dai tuoi spazi supponenti

e cogli la mela

nel tuo giardino finto

senza aria

impazzisce come la tua mente

orgogliosa

bruci in pensieri contorti

di paglia

senza ispirazioni, alitano

come sirene di plastica.

Sprezzi i fiori di bellezza

delle mie mani dolci, si aprono

ricami preziosi, colori prescelti

intessuti per te

che non vuoi vedere

bendata di perdizione rozza

con occhi di marmo

colpisci a vuoto

bocca di cratere

meni colpi furiosi di sconfitta.

Trovo riparo

nella mia tenerezza

alzo gli occhi

in cerca d'unione

di riunione nel buio fitto.
Sommessa,
fuggo
lontano da parole sputate
via dai tuoi falò sabbatici
dove bruci pazza
sorda ai lamenti, gemiti soffocati
sorella perduta...
spero x te
un fuoco sacro
un pensiero profondo
un inginocchiatoio
dove gridare al cielo
spero
risposte accettate
in un giardino profumato
con le armi gettate
seppellite
in un inno di pace.

UN NUOVO MATTINO

Pensieri di pace

privi di solitudine bugiarda

seminano

una terra ormai libera

senza recinzioni

senza tempeste.

Abbandono

zavorre vane

come le parole che scagli come frecce

colpevoli, cieche, soffocano nel fumo del nulla.

Schivo ridente, vincente

nuda, sotto un cielo amico, mi veste di luce.

Sistemo i battiti di un cuore pacifico

vola

con sogni decisi, ancorati a fratelli

semplici.

Non cercano glorificazioni infantili

di gerarchie a modo.

Somigliano a te, a me

al nostro sorriso vissuto

di esuli nel mondo.

Incontriamo gli occhi in attimi solari,

con animi vicini, affinità ritrovate, in fili d'oro legano il sentimento

che sospende il supplizio indecente

di amare rinunce

ingoiate senza astio

con l'amore ingannato, deluso,

pronto a rinascere

in nuove armonie, sincere

come la tua voce

sincere come questa mattina

ci ritrova abbracciati,

difesi

da un volto sacro che non passa...

non passa.

PASSIONE MUSICALE

Passione musicale

caratterizza l'indefinito vagare.

Imprimo me stessa,

rete solitaria

in spartiti classici, bellezza inviolabile.

Fertilizzano l'essere agitato

da acque precipitose,

ne rilevano il mistero trattenuto da malinconie subite.

Compositori benedetti

accompagnano la miseria mesta

che il tempo accudisce

e fa crescere il fiore dell'infanzia

senza che nulla torni.

Apro le porte dell'anima contemplativa

consapevole del dono

accordo stridore con spirito vivificante,

raccoglie le note nell'aria mite, tesoro d'oro,

spazio di emozioni consapevoli,

rammentano le prigioni interminabili.

Casa della speranza

dove veli scuri d'illusioni

cadono

rivelando verità felici, chiare

di luce immaginabile

con il dolore sublimato

con lacrime asciugate

da fonte imperitura.

Con passione

assaporo angoli di paradiso

in momenti assoluti,
contrastano la menzogna del nulla,
menti ottenebrate
dall'avere avido di approvazioni
impossibili.
Passione va sposa di amore vero.
Intensifica la creazione nel moto continuo
arginando dighe nefaste, di acque stagnanti.
Genera figli celesti
in una terra ineluttabile,
percorso veritiero
dove spine e sterpi
commuovono le rose,
e la linfa ne apre varchi sereni,
leniscono ferite necessarie,
sanano pazzie di separazioni dovute.
Sale il mio canto cristallino,
con esattezza si abbandona
lasciando fluire vita musicale,
leggerezza anelata
reca ali di piuma, bianche come onde vivaci.
Realizza sogni di gioia,
conoscenza permessa
conquista regalità.

LE TUE ROSE

(a mia madre)

Ti offro una rosa

di un giardino triste,

non chiede luce di ricompensa.

Adorna il mio mondo, spazio d'attesa

piange la tua assenza

incompresa, non avversa,

crescita della tua felicità

accettata

con il capo chino

gli occhi adombrati di rugiada

le ginocchia dolenti

a ringraziare il Dio di bontà

a cui appartieni.

Sua,

ancora mia in angoli trasparenti

prometti

la riunione

nella casa della purezza

sospirato incanto.

Stella

sorella della luna

irradi luce nella notte, luce riflessa di umiltà

sul mio volto lacerato, afflitto

perdona l'esistenza provata.

Piovono le tue rose, fiori inattesi

come piove Dio

rispondono migliaia di petali,

profumo della tua tenerezza dilatata.
Scrivi il mio nome scelto
che è tuo
lo scrivi sui fiori
su foglie fresche di alberi duraturi,
ricamo delle tue mani belle di colomba.
Ricordo indimenticato di me,
fragile donna
cresciuta tra le tue vesti, reti protettive,
suggerisci il cammino,
custodisci il patrimonio
al tuo fianco risorto
e ridi
ridi del mio amore, sempre tuo.

SEDUZIONI

Sensazioni estreme

come sirene

seducono creature invaghite, rondini senza nido

traviando una realtà dolce, di miele.

Vive senza vincoli, aleatoria

libera da humus ingannevoli.

Costringono l'autonomia

a recedere

in laghi di morte,

abissi senza aria

di cuori secchi

dove la fonte tace.

Avari, tortuosi

attanagliano con fili di piombo

divorano il tesoro,

dissanguano gente comune, malati d'amore.

Sfila un corteo con rami frondosi

recisi da noncuranza,

vestita di falsa gioia, sassi di polvere.

Scimmie ammaestrate

giocano con cieca malizia

sull'innocenza sciupata

su grida soffocate

con ali spezzate, avversano fiori donati.

Dimentichi di baci sudati, di giovani carezze

padroni senza averi

impongono l'invidioso comando,

inverno perenne di alberi sfioriti.

Fugge la luce

da tanta perversione ostentata,

ortiche di distruzione ne seguono i passi

vessatori.

Nemici

la ragione cerca riflessione!

È possibile che l'amore amato è

affogato in paludi delittuose

e non v'è altro che idoli di legno secco

pronti a bruciare,

corrono verso l'inferno?

Io voglio per me, canzoni dolci.

Grano maturo, colore d'oro

pioggia di petali

profumo casto di gelsomini, non muore

non muore...

l'amore confuso

il mio amore stupito

nascosto nel vuoto dei sogni,

tento un timido sguardo.

La voce intatta del giusto,

velluto amoroso

vibra il canto antico

sotto un tetto di pioggia

nel silenzio assordante di pensieri.

E tace

tutto tace.

EVOLUZIONI

Ascolto

un poeta in musica, la voce roca

non ne sciupa la dolcezza soffusa.

Note abili nel cuore vivo

trapassano la mente,

evocando amori andati

nelle paludi della dimenticanza.

Amori illusi, tornano sulle sue note calme.

Vivevano nella fantasia fertile, ardente.

Si dileguano amarezze

nella distanza di luoghi scialbi,

vollero denudarmi del mio oceano grande,

che la vorticosa corrente

non prese la vita.

Tolsero l'oro, l'argento

gioielli con inciso il nome.

Ritrovati

in un presente conciliante

ricorda l'amore donato

calpestato, posseduto

ma donato senza lacrime, con stelle e cielo.

Gli occhi rapaci, affossavano la danza gioiosa.

Rapivano l'innocenza incosciente

di ragazza immersa in racconti fascinosi,

ammalianti pensieri creativi.

Pulsava il cervello frustrato

spaventato da atti allucinatori,

fantasmi intorno.

Abissali connessioni disattivate,

non rispose l'amore
non furono carezze.
Patì il mio corpo aperto davanti
a zaffiri falsi,
coralli rossi di pietra, fangosi,
nel distacco di interessi obliqui,
con la strada perduta
a seguire alberi storti
foglie morte
senza compassione, senza padre.
Storie vissute, amate
con la bellezza conquistata
di carne, di spirito
volava con ali pesanti,
nella casa dell'infanzia, attico d'oro
scialuppa di salvezza, dove sorgeva la regalità,
la madre soffriva
una figlia amata.
Con libertà lussuosa, assopita di stanchezza
riposavo nel sole
raggi caldi a scaldare il freddo
di esperienze inondate dal veleno, cupo
a dare forza al mio sangue
coraggio alle giovani ossa
colore ai capelli invecchiati presto,
raggi di luce, custodi della giovinezza.
Amo molto
il percorso arduo, duro
dove finalmente
trovai il tuo viso.
Signore dell'amore
amante e vittima della mia libertà.

Marcella Falcone

Il tuo viso

cercato in volti dissimili

inventati da nostalgia,

morsa dell'anima triste, silenziosa di te.

Avvenne l'incontro...

stupita, dove non credevo,

cambiò la vita a brandelli

cambiò in abiti sontuosi, veli avvolgenti

casti di beltà, appaganti della realtà.

Respiro con i tuoi pensieri,

acuiscono veridicità,

proteggono il sentiero spinoso,

recinto d'amore vero, accendi un angelo in me,

rispondi a tutte le mie voci,

tu, certezza di vita in fiore,

forte,

oltrepassa la morte...

oltre

dove tu sarai.

IL LORO AMORE

Osservo con amore

scenari vitali, quadri in azione

scivolano nella quotidianità

di quartieri austeri, privi di suono.

Statici

ignari vivono senza risposte,

con voci flebili,

disincanto allarmante

ne immortalo la vita.

L'indifferenza

ferisce come una spada,

trancia illusioni che sostengono l'essere.

Vuoto e incertezza

non suppliscono la mancanza.

Avvolge la rete bugiarda di solitudine.

Il sangue annacquato, diluito

da false speranze,

cerca linfa naturale, feconda

in un mondo benevolo, ricco di bellezza,

coccolato da un Dio screditato.

Insudiciato di violenze legittimate,

subisce l'ingiustizia

percuote l'umanità sedotta.

Cerco colori negli occhi sbiaditi

di talenti perduti,

definisco i tratti smarriti

ne rammento le origini.

Sogno dei loro sogni

pervasa da un flusso che scorre

scorre sui volti
in animi induriti,
morbidezza di pensieri affilati come rasoi,
condivide il dolore del tempo ferito.
Demistifico un lutto involontario,
inefficace
non serve alla vita
che attraversa, non sola,
l'altra riva.
Dove tutto è più vero
e i colori risorgono.
Risveglio con passione,
fluisce tra parole dette,
conversazioni interrotte,
frasi smozzicate riprendono il coraggio.
Traggo parole di vita,
emergono veloci
storie uniche
di gente unica.
Soffio sulle loro verità appannate.
con pudore ne traggo l'essenza
che rinvigorisce il sangue, porpora ritrovata,
dona l'azzurro a occhi paterni
privi di madre.
Vinco l'orfanezza beffarda
e trovo
il mio amore
nel loro amore.
Sorrido dell'intesa propiziatoria
Appagata in questo giorno
di tutti i giorni.

A LOLEK

Tu
meraviglioso artista, uomo umano e mistico
amico di artisti nel mondo.
Sole di bellezza
con umiltà lunare
commuovi con mitezza sapiente, apri cuori carcerati.
Sublimi
te stesso,
inchiodi la tua ricca umanità,
amando la gioia
offrendoti
olocausto d'amore
suggerito da tenerezza disarmante
di un mondo infame, redento.
Invertono le sorti
di anime indigenti
sbarrano il percorso.
Indignano le tue verità gridate, gridate
senza compromessi,
marciscono sotto i piedi.
L'intelletto elegante, alieno tra brutalità
bontà conclamata
materna
paterna,
sposa urgenze che premono
nell'animo troppo generoso di passione
scuoti coscienze dormienti
succubi
senza voce.

Marcella Falcone

Tutto suo
eletto figlio della grande madre,
chiamò presto la donna Beata
che ti generò con amore, con amore.
Hai dato bellissima voce di uomo,
nato per artistiche creazioni.
Poeta di noi
anima sempre giovane
nostro amato
hai perso infine la tua voce.
Con gesto stizzoso
vuoi donare un saluto prezioso
dolore di noi riuniti, fratelli per te
figli tuoi
ci aggrappiamo
alle tue vesti, ormai sante.
Lacrimando,
con lacrime
nelle nostre lacrime
sei andato
dove la decadenza del corpo
è annullata
dall'eterna giovinezza,
dove brilla la tua bellezza
senza più dolore
senza dolore splendi
nel nostro ultimo abbraccio.

VOGLIO AMARE

Voglio amare

ancora

quando tutto

spinge a gridare, inveire

picchiare forte, la rabbia, il dolore.

Voglio amare

quando tutto

spinge a scacciarvi, a sputare

parole addosso

a prendere a calci

le vostre bocche dure, menzognere

mere di morte

voci metalliche impertinenti.

Cocciuti

a continuare il massacro.

Voglio andarmene, con amore disilluso

dai vostri spazi infidi,

arene

dove divertite gli occhi crudeli

a far divorare martiri

da leoni ruggenti,

slegati, incitati, appagati.

L'ignominia

si compie.

Voglio amare

sotto occhi di vesti dissacrate

dal silenzio complice

tacite di perdizione.

Illusi, illudete i figli

osate rubare parole sacre

rubate l'amore che non avete,

spargete sale

su ferite aperte, bruciate la vita.

Voi,

dei Ponzio Pilato

perpetuati nel tempo plagiato

depredato

nel tempo illuso.

Lavate mani insanguinate, vostre mani perdenti

compiaciuti

torturate vite compromesse

fatte di lacrime nascoste

figli dell'amore.

Voglio andarmene da voi

per amore

con amore vado lontano...

in cerca di fratelli

con lo stesso cuore

vi amiamo.

GENITORI

Vi trovo
in un'immagine donata,
mia consolazione
aggiustate le mie ali accartocciate
ali addomesticate.
Vi vedo
in una gioia purissima
che non vivo
io ancora non vivo, piccola nel mondo,
impastata d'umanità.
Plaudo la riunione felice,
entra nelle mie notti,
come un fiume fate tremare ombre nemiche.
Io divento il vostro amore in terra,
che dilata la dimensione eletta
dove voi ridete
sposi di Dio
ridete la vittoria. È per voi. Vincenti.
Partecipi di creazione in atto, dinamismo puro.
Sicuri, in volo tra cielo e terra
proteggete il mio sangue, la vocazione
con felicità inattaccabile,
moltiplicate la vita nel mio corpo,
accresce con voi, il chiarore,
senza voi
genitori adorati, che io conosco!
Eleganti, vestiti di luce,
tracciate veloci il percorso
grappoli d'uva, un sacro banchetto

volete per me.

Accendete il tempo

amato, libero nella grazia sempre presente.

Guidate i passi feriti dalla memoria,

accelerando il tempo che resta.

Io vostra

attendete me

quando arriverò,

che ancora dovrò soffrire, cantare

gioire ancora... quando il tempo

sarà pronto

noi saremo ancora...

SORELLA MIA

(dedicata a Patrizia De Rosa)

Nei tuoi occhi limpidi, un mare calmo

che il dolore non ha oscurato.

Ricongiungo povere idee compromesse

idee colpite, io povera poeta, riempi l'altare vuoto

rifioriscono nello sguardo sincero

della bontà difficile da percorrere.

Possibile

rinascita di un cuore separato, ancora rosso

cerca riunione

cerca pace.

Cerca il Cristo fratello che riconosco in te.

Condivido le lacrime

con i tuoi occhi asciugati

chiari di consapevolezza.

Sai il dolore, loro non cambiano, non cambiano!

Sai la ricchezza da donare

compito arduo

il sogno diviene vero

nella tua forza

che io ho perduto,

ho perduto!

Scrivo

debolmente parole forti,

vengono da dove, non so

non so.

Sgorgano come le mie lacrime

raccolte

in un otre sacro.

La mia testa tra le mani

attendi che passi il dolore

paziente

proponi il passaggio dovuto.

proponi affetto pudico, discreto

con canto

cantando prendi la mia voce

la mia voce

ammorbidita

ubbidiente

incoraggiò il tuo animo di bimba.

La voce salvata

con l'anima dentro

suggerisce il perdono

accettato, insieme e perdoniamo.

Nasce una sorella per me

una stella

seria

allegra d'amore

mi attendi...

SOGNATORI

LEI

Fuggiamo amore...
fuggiamo
dentro vicoli antichi,
di una città, pulsa il suo cuore
in noi
che ridiamo contenti, vivi, non felici...

LUI

Complice Roma
ci accoglie con stradine di ciotoli
che sanno... tanti passi, tanti baci,
illusi, il respiro profondo
taglia il tempo.

LEI

Sì, un giorno d'illusioni, il nostro volo
fingiamo sia per sempre.
I nostri momenti eterni, blindati
viviamo in attimi colti
in un raggio di sole.

LUI

Come perle
le nostre giornate, ore contate
a creare collier preziosi,
si esprimeranno nel tempo,
per altri
che si ameranno, più felici.

LEI

Vissute per essere dono
ci lasciamo invadere da ciò che esiste,

una dolcezza misteriosa
che è nostra!
Sentimento arricchito
scorre nelle vene aperte
scalda,
accarezza nel silenzio
nel silenzio realizza desideri.

LUI

Noi che sogniamo senza parole, stupiti!
noi sognatori
proponiamo l'identità.
Viviamo le emozioni fino a sfinirci.

LEI

La musica
che è nel mio sangue
unisce le mani
oggi
e tutti i giorni innamorati
saranno oggi.

AMORE GRANDE

A te, grande amore

splendore d'intelligenza! Affamati, assetati

dopo l'amore,

corpo a corpo

ci guardiamo contenti

incanto degli occhi.

Le gambe tremano nel godimento unico,

s'apre una rosa

per te

per me.

Tremando

torniamo in vite non più nostre,

accendiamo il mondo,

come se niente fosse

innamorati senza parole

amiamo lo stesso mare di un giorno

piangiamo la morte di un passero.

Sconvolti, storditi d'amore

come se niente fosse

ci salutiamo

e la crescita non sarà separazione.

Sperando, si abbrevi il tempo

ci amiamo così

per istinto

senza perché

chissà da dove, senza misure.

Ci salutiamo.

IL CIELO DI ROMA

Il cielo
mi rapì
con un tramonto lussureggiante,
da giovane
mi rapì
su un ponte amico, vicino.
Roma mia
separasti, senza avversità
con promesse di chiarore, dolore.
Da una vita così,
scorreva inconsapevole
nei lacci del possesso
senza baci...
donavo baci...
avevo tutto
non avevo nulla.
Senza pane
assetata di radici,
avida
seguii il vento calamitata dal sole.
In viaggio,
negai la terra
il compagno di fango,
inattesa fiamma che fugge.
Lasciai
senza passione né lacrime.
Nell'oscurità,
con occhi erranti verso dove
freddamente, senza dolore

lasciai paludi senza orme
dove l'anima perdeva luce.
Senza bagliori
il mondo contro
il mio cuore puntato.
Orfana
gettai addosso con forza,
l'abito da sposa
un reggiseno consueto
scopriva i seni sfrontati.
Presi i miei giorni
lanciai su una chiesa, scia di luce
su una piazza feroce,
bella e cattiva
dove un fratello benediva,
non comprese... non comprese!
Lanciai
un bouquet di fiori finti
senza risposte.
Trovai lacrime di sangue,
rafforzavano le ossa deboli
con poco amore
poco amore.
Il cielo sopra
rassicurava la luce oscura
il freddo
disamore nel fondo del mare.
Sconfitte di polvere e carne
sul mio capo.
In cerca del cielo
persi il nome, l'onore
silente.

Trovai
una terra ombrosa, passionale
trovai stelle
amichevoli
assecondavano
emozioni solitarie
fatte d'aria
rifugi invisibili.
Attraversata d'esistenza
vivevo l'invisibilità
assente
invisibilmente
fino in fondo
pesantemente
ho vissuto.

ALLEGRIA DONATA

Oh allegria, unica dignità!

Non morire

mai che attinenze di false connessioni,

coerenze che sparano raffiche di nulla

generano cupezza, bosco di alberi morti.

Non morire!

Divieti farisaici

figli di severità legnose

dure d'aridità dove recede il mare,

si rattristano le onde, senza spuma muoiono sulla riva

senza profumi,

aromi dissetanti

la speranza vola via.

Elettroshock

di menti schematiche, ferite di sale.

Virtù orgogliose

che non è la vita, non è...

buttarsi nel profondo

e ridere dell'incontro con Dio, letizia di liberazione.

Raccoglie fallimenti, vinti

pane dell'umanità fatta di terra.

Allegria, panacea del dolore, cascata d'amore

scandalo di censori nemici di me, di te,

non conoscono il sole che

ride di ogni alba.

Verità di santi veri, birra dell'anima

incontrata nelle strade di sassi di spine.

Crebbi l'infanzia ridendo, sulla mia chioma

e con pianto

risi, con fuoco
quando persi il mare
quando persi la casa.
Allegria donata
riscatto da nostalgie feroci
humilitas preziosa,
rifiutata con derisione, ridono dei redenti,
intelletti cinici senza cielo, la sacralità violata.
Esperienza di vita,
ride di sé
di fronte al tutto,
che innalza l'essere
lo innalza là…
dove è possibile il volo.

SENTIMENTO

Sentimento che esiste
il sentimento da cui nacqui una sera d'estate,
è fatto di carne, vive la fragranza della terra
lega
cuori perdenti di natura cristallina,
cura fratture dolenti, paralizzanti
di tempo afflitto
spento di comunioni,
accende impulsi vitali
trattenuti
dalla cenere ostile
di infanzie colpite,
nel difendere la sopravvivenza
svuotata, prosciugata.
Sotto la luna
di ogni sera
è la mia sera
dove nasco dal pozzo materno
e pioggia d'oro
divinizza il tormento
rinfresca con acqua chiara.
Mi ricopro di fiori buoni, magnolie sapienti
dove ammiccano
nuovi orizzonti ricchi
di rossi coralli, perle preziose, coppe di platino
di scrigni miei
aperti con la chiave d'oro
trovata.
Doni inaspettati da
beatificanti guide nascoste.

TI AVRO'

Chicchi di grano

il tuo amore

centellinato.

Gocce d'acqua, non placano l'arsura.

Oboli ingoiati,

emozioni colte come chimere

per me.

Cerco la tua bocca

per cantare, morendo sul mio petto.

Ho inondato di passione

voragini di nulla

senza pensare, senza dolore,

immersa nel sortilegio,

incantata dalle tue reti musicali.

Infastidito,

attingi in te

i frutti delle mie mani aperte,

corrono verso il tuo corpo distaccato.

Severo,

come non sei,

allontani

pensieri arricchiti dal mio sorriso.

Generati

da fantasia nella testa,

illudono l'anima, il tempo in attesa.

Dimentico di te,

insicuro

inseguivi i miei seni, le spalle

voltate,

tremavi della mia assenza,

ne volevi i sospiri

i sensi tra le braccia.

Mordevi la pelle con furia,

i capelli

vampe di fuoco

a scaldare

il gelo delle vene impoverite,

soffocate, solitarie,

il cuore malato

dissanguato.

Il fiume scorreva veloce

davanti ai tuoi occhi per ucciderti.

Ho nutrito cellule moribonde

impazzite,

come pesce senz'acqua

morivi!

Ho accarezzato

ispirazioni vitali

frenate

da alberi senza foglie

di un cielo plumbeo.

Ho portato l'allegria del sole,

sono stata

per te

l'aquilone dell'infanzia sulla sabbia,

primizie della natura che ami

fiore sbocciato

della coscienza spaccata.

Ho spazzato via

anni malinconici

appesantivano

Marcella Falcone

un corpo d'amare, obliato dal passato.

Stringendo i miei fianchi

trovasti il tuo corpo

risvegliato di rugiada

addormentato

nella terra incandescente.

Ho stabilito la calma

di ricordi imprecisi

ricordi emersi nel giardino

di una donna amata, seppellita nel silenzio.

Ti ho reso la tua donna dolce

in me

con canzoni d'amore

trovasti lei e me.

Perderai me

ancora

come volesti perdere lei.

Non morta

lotterò ti vorrò ancora, di più

ti avrò

con pietà, senza pietà

ti avrò.

UN AMORE IN ATTESA

Afferro il tempo,

corre nel vento.

Separa in silenzi,

lunghi silenzi,

pause tra i nostri incontri

rubati, intensità baciata.

I nostri incontri combattono indomabili

difendono la gioia trovata,

passione che non muore, non muore.

Vivono il presente con

la speranza offuscata.

Andare e tornare

nei gusci

che avvolgono situazioni responsabili,

effimeri tormenti.

Un desco

vuoto di te

di me

sospira, nell'incertezza, la pace,

vive di ricatti

che forse amiamo.

Ricatti d'affetto,

il posto ci compete

frenano la fuga incalzante

da terreni incolti

tunnel d'illusioni amare

in noi

che avremmo tutto, tutto avremmo...

Ti seguo

le ali ai piedi

troviamo scelte inquiete,

senza odio, comprese.

La casa con un finto cielo,

finti angeli

incatenano la libertà.

Una rete di muro

sottomette la ribellione.

Con lo spazio ristretto

respiriamo d'attesa.

Lo spartito

con inciso

il nostro amore non detto,

zittito da realtà nemiche,

è creato dal tempo amoroso

perdona lo stesso dolore.

Conduce in spazi aperti

strade spianate,

tappeti di prati

boschi solitari

sostengono la danza, complici

sotto un cielo vero, azzurro, turchese

ci ama

unisce i respiri incerti,

con emozione

vibrano d'esistenza felice

non detta,

felice.

MESSAGGIO SVELATO

Stanotte

sei arrivato solo,

ombra che mi appartiene

in sogni premonitori,

con un messaggio d'amore

parole taciute, imprigionate

nei nostri mattini.

Sogno di chimera

un ti amo... con angoscia.

Macerato, in lotta contro te stesso,

con angoscia

amore mio.

Ti ho strappato un ti amo... mai detto.

Non hai la certezza dell'innocenza,

vivi l'amore oppresso

appena svelato.

Non credi

non fidi il progetto

intessuto, trama d'oro

da mani sapienti.

Attraggono i destini amareggiati,

fertilizzano, come un fiume terribile

una terra

in attesa.

Noi

buoni agricoltori

raccoglieremo il grano

delle nostre spighe mature.

Si piegano al vento

crescono, tra noi e il sole,

titubanti

di tanto onore

di tanta cura.

Ti voglio...

oltre l'angoscia,

asciugata

tra abbracci tenaci

forti

di donna innamorata

senza sapere.

PERDONAMI

L'incontro inevitabile,
sfuggito, poi cercato
esploso in lunghi sguardi.
Annegato dalla realtà.
Fili trasparenti, tenaci
ci logarono
prima di conoscere
di sapere i nomi, le strade,
prima che accadesse tutto.
Perché tutto accade, caro.
Il nostro ultimo tango
fu il mio primo,
di me
giovane virgulto, rosa in boccio.
Irretita, sedotta
dai tuoi occhi chiari
grandi d'artista
fotografavi la mia mente
facendone una cosa tua.
Senza volere
apristi porte proibite
che io varcai
con passione, silenziosa
impavida
varcai... con te, senza più te.
Angelo mio,
ero il tuo angelo
appeso al collo,
senza ali, volammo!

Dove?
Sui tetti della tua casa
tra stanze buie
il vino dopo l'amore
strappavi il mio amore deluso.
Deludendomi.
Ti lasciai
cercando la felicità, ti lasciai.
Seria
decisa
recisi i nostri fili
tagliai i fiori freddi
ruppi la sorte
sbarrando il passaggio.
Ferito, pallido
come un pazzo abbandonato
un triste molo
volevi il mio cuore
àncora perduta.
I pensieri, tuoi seguaci,
la mia vita borghese
per te
estroso, geniale.
Tentasti
un'ardita promessa.
Uno sposalizio
in una stanza
senza pareti
senza gemiti.
Ora
ti saluto, grande amore
perdonami...

sulla strada
dove t'incontrerò ancora
distante
con gli occhi bassi,
i pugni chiusi
stretto in te, scuoti il capo.
Perdona se ho tentato
un volo senza le tue ali,
se ho cercato di amare
ancora, oltre te
perdonami.

 youcanprint

Finito di stampare nel mese di Giugno 2014
per conto di Youcanprint *Self - Publishing*